BEI GRIN MACHT SICH IHR WISSEN BEZAHLT

- Wir veröffentlichen Ihre Hausarbeit, Bachelor- und Masterarbeit

- Ihr eigenes eBook und Buch - weltweit in allen wichtigen Shops

- Verdienen Sie an jedem Verkauf

Jetzt bei www.GRIN.com hochladen und kostenlos publizieren

Stefan Eifler

Ein festlicher Weihnachtsabend (Meistermappe im Fleischerhandwerk)

Nach neuer Prüfungsverordung 2014

GRIN Verlag

Bibliografische Information der Deutschen Nationalbibliothek:

Die Deutsche Bibliothek verzeichnet diese Publikation in der Deutschen National-
bibliografie; detaillierte bibliografische Daten sind im Internet über http://dnb.d-
nb.de/ abrufbar.

Impressum:

Copyright © 2014 GRIN Verlag GmbH
Druck und Bindung: Books on Demand GmbH, Norderstedt Germany
ISBN: 978-3-656-86171-3

Dieses Buch bei GRIN:

http://www.grin.com/de/e-book/286058/ein-festlicher-weihnachtsabend-meister-
mappe-im-fleischerhandwerk

GRIN - Your knowledge has value

Der GRIN Verlag publiziert seit 1998 wissenschaftliche Arbeiten von Studenten, Hochschullehrern und anderen Akademikern als eBook und gedrucktes Buch. Die Verlagswebsite www.grin.com ist die ideale Plattform zur Veröffentlichung von Hausarbeiten, Abschlussarbeiten, wissenschaftlichen Aufsätzen, Dissertationen und Fachbüchern.

Besuchen Sie uns im Internet:

http://www.grin.com/

http://www.facebook.com/grincom

http://www.twitter.com/grin_com

MEISTERARBEIT

VON STEFAN EIFLER ZUR MEISTERPRÜFUNG IM FLEISCHERAHNDWERK VOM 02.12. BIS 04.12.2014

MEIN LEITMOTIV FÜR DIESE PRÜFUNG LAUTET: „EIN FESTLICHER WEIHNACHTSABEND"

Einstimmen möchte ich uns mit einem kleinen Gedicht

Noch einmal ein Weihnachtsfest,
Immer kleiner wird der Rest,
Aber nehm ich so die Summe,
Alles Grade, alles Krumme,
Alls Falsche, alles Rechte,
Alles Gute, alles Schlechte -
Rechnet sich aus all dem Braus
Doch ein richtig Leben heraus.
Und dies können ist das Beste
Wohl bei diesem Weihnachtsfeste.
Theodor Fontane

Hier zuerst das Inhaltsverzeichnis.

Ablauf der Prüfung:

Tag 1:   Ausbeinen und zerlegen der Rinderpistole in die Teilstücke
          nach DFV
          Sortieren der Abschnitte
          Verarbeitungsfleisch und Gewürze für die Brühwurstherstellung
          abwiegen
          Verarbeitungsfleisch und Gewürze für die Salamiherstellung
          abwiegen
          Brühwürste herstellen
          Evtl. Salami herstellen

Tag 2:   Evtl. noch Salami herstellen
          Herstellen der küchenfertigen und verkaufsfertigen
          Spezialitäten
          Vorbereitungen treffen für das Büfett

Tag 3:   Die Warmen Speisen für das Büfett herstellen
          Anrichten und dekorieren
          Präsentation vorbereiten und durchführen.

Einleitung

Weihnachten ist ein Fest der Liebe, der Besinnung und der Freude. Aber auch ein Fest der Stille und der Andacht. Man sollte sich Zeit nehmen für die Familie und Freunde
Was gibt es schöneres als einen gemeinsamen Abend im Kreise der Lieben bei gemütlichem Kerzenlicht, Geschenken und einem köstlichen Weihnachtsessen zu verbringen.
Damit beginnt für die Gastgeber der stressige Teil von Weihnachten.
Durch die Geschäfte hetzen, Zutaten besorgen, alles vorbereiten, auftischen und dekorieren, Das Essen auf den punkt zubereiten und nach dem Essen schnell in die Küche verschwinden um die „Nachküche" und den Abwasch zu erledigen.
Frohe Weihnachten

Um den Abend perfekt zu gestalten überlässt man diese Arbeit am besten einem Fachmann.
Was liegt also näher als den Fleischer des Vertrauens mit den Gaumenfreuden zu beauftragen.
Hier weiß man, dass die Qualität stimmt und die Gerichte und Spezialitäten mit Liebe und Sacherstand zubereitet werden.
So kann man sich, auch als Gastgeber, ganz entspannt zurücklehnen und das Fest der Freude in aller Ruhe und Besinnlichkeit genießen.

Kommen wir nun zum kalt warmen Büfett

Als erstes präsentieren wir Ihnen die Vorspeise.
Diese besteht aus Crevettenspießchen auf Zitrone
mit verschiedenen Dips und Antipasti.

Bei dem Hauptgang verwöhnen wir Sie mir
einem Roastbeef unter einer Kräuter Senf
Kruste. Mit einer Rotwein- Senfsoße

Dazu reichen wir Ihnen einen schmackhaften
Kartoffelauflauf mit Emmentaler Käse gratiniert

Abgerundet wird dieses festliche Gericht mit
herzhaften Prinzessbohnen im Speckmantel

Beim Nachtisch verzaubern wir Sie mit
herrlich duftenden Bratäpfeln auf einem
Spiegel aus Vanillesoße

Zum Abschluss der Schlemmerei verwöhnen wir Ihren Gaumen noch mit
einer Internationalen Käseplatte

Hier die Rezepturen des kalt- warmen Büfetts.

Die Crevettenspiesse:
Je 3-4 Crevetten werden in gleicher Richtung auf einen Spieß aufgesteckt und anschließend auf eine geachtelte Zitrone gesteckt. Den Spieß in einem Gläschen mit einem Minzblättchen dekoriert servieren. Dazu Verschiedene Handelsübliche Dips mit Knoblauch und Kräutern. Die Antipasti bestehen aus verschiedenen eingelegten Oliven und Paprinis mit Frischkäsefüllung

Das Roastbeef unter einer Kräuter Senf Kruste.

Zutaten für10 Personen:
3,0 kg Roastbeef
Öl
Salz
Pfeffer
1 Bund Petersilie
1 Bund Majoran
1 Bund Thymian
1 Bund Basilikum
8 Scheiben Toastbrot
150g Butter
5 Eigelb
8EL grober Senf,

Zubereitung:
Das Roastbeef mit Salz und Pfeffer würzen. Öl in einer Pfanne erhitzen und das Fleisch von allen Seiten kräftig anbraten. Auf ein Blech legen und ein Bratenthermometer in das Roastbeef stecken.
Im auf 100°C vorgeheizten Ofen bei Ober-/Unterhitze auf der 2. Schiene von unten ca. 1:20Std. garen, bis eine Kerntemperatur von 48°C erreicht ist.
In der Zwischenzeit für die Kräuter-Senf-Kruste Petersilie, Majoran, Thymian und Basilikum waschen, trocken tupfen, die Blätter von den Stängeln zupfen, fein hacken und mit dem Senf vermischen dazu das Toastbrot in kleine Würfel schneiden, die Butter dazu geben und mit den Eigelb alles gut vermengen.
Das Fleisch aus dem Ofen nehmen und mit der Kräuter-Senf-Mischung bestreichen. Den Backofengrill einschalten und das Roastbeef auf der 2. Schiene bei 180°C von unten in 4-5 min goldbraun grillen.
Das fertige Roastbeef ca. 10 min zugedeckt „ruhen" lassen. Den Bratensatz mit Rotwein loskochen und mit Salz und Pfeffer und Senf

würzen. Das Fleisch in Scheiben schneiden mit der Soße dazu servieren.

Das Kartoffelgratin

Die französische Küche muss nicht immer kompliziert und aufwändig sein. Das Kartoffelgratin ist dafür ein gutes Beispiel. Ein leicht herzustellendes Gericht, welches trotzdem immer Eindruck macht. Das Grundrezept ist einfach: geschnittene Kartoffeln werden in eine Auflaufform geschichtet und zusammen mit einer Soße und Käse überbacken.
Für 10 Personen benötigen wir :
2,5 Kg fertiges Kartoffelgratin
Ca. 300 g geriebener Schweizer Emmentaler
Nun wird das fertige Kartoffelgratin mit geriebenem Käse bestreut und anschließend 50 Minuten bei ca. 150°C im Backofen fertig gegart.

Die Speckbohnen

Für 10 Personen benötigen wir:
Ca. 2 Kg Prinzessbohnen TK
40 Scheiben ca. 2mm stark geschnittenes Dörrfleisch ohne Schwarte und Knorpel
3 Liter Klare Brühe

Die Bohnen werden in der klaren Brühe ca. 5 Minuten gekocht bis sie gar aber noch knackig sind.
Anschließend sofort in Eiswasser abgeschreckt, so behalten die Bohnen ihre leuchtend grüne Farbe.
Nun werden immer 8 ungefähr gleichlange Bohnen mit einer Scheibe Dörrfleisch umwickelt, so dass ein festes Bündel entsteht.
Das wiederhole ich noch 39-mal.
Im nächsten Schritt werden die Bohnenbündel in einer heißen Pfanne mit etwas Öl angebraten, so das das Dörrfleisch eine schöne goldbraune Farbe erhält und die Bohnen erhitzt werden.
Ansprechend anrichten und Servieren.

Die Bratäpfel

Für 10 Personen benötige ich:
10 Äpfel, am besten etwas säuerliche Sorten wie Boskop
250 g Marzipan
100g Rosinen
100g Mandelstifte
etwas Zucker
etwas Zimt
10 Flöckchen Butter
1 Liter Vanillesoße

Die Zubereitung ist denkbar einfach.
Die Äpfel werden ausgehöhlt.
Nun vermenge ich die Marzipanmasse mit den Mandeln und Rosinen
Die fertige Mischung wird in die ausgehöhlten Äpfel gedrückt.
Zur Dekoration werden noch ein paar Rosinen und Mandelsplitter über
die Äpfel gestreut und mit einer Butterflocke und etwas Zucker und Zimt
garniert.
Bei ca. 150°C werden die Äpfel ca. 25 min gebraten.
Nun noch einen Spiegel aus Vanillesoße auf den Teller und den herrlich
duftenden Bratapfel servieren

Die Käseplatte

Ca. 500 g Tete de Moine
Ca. 300g Danablue
Ca. 300g Appenzeller
Ca. 300g Holländischer Gouda
Ca. 300 g Camembert

Jetzt kommen wir zu den Wurstspezialitäten.

Brühwurst mit Einlage

Bierschinken nach der Leitsatzkenziffer Nr. 2.224.1
MATERIAL

	Gewürze PRO KG Brät
4 kg Aufschnittgrundbrät	4 g Raps Jagdwurst
0,8 kg Schweinefleisch II	1 g Pfeffer
0,8 kg Rindfleisch II	5 g Phosphat mit Umrötung
0,8 kg Speck	20g Nitritpökelsalz
0,8 kg Backen	für die Einlage
0,8 kg Eis	4 g Raps Bierschinken
6 kg Schweinefleisch I	5g Phosphat mit Umrötung
10 kg	20 g Nitritpökelsalz
	Kunstdarm Walsroder F90

VERARBEITUNG
Schweinefleisch I in Würfel, Kantenlänge 3-5 cm , schneiden
Mit Nitritpökelsalz, Phosphat und Gewürz gut mischen, bis diese
Bindung zeigen und für 12 – 14 Std. im Kühlraum abstellen
Magerfleisch einige Runden ankuttern
Die Hälfte der Schüttung Phosphat und Salz zugeben
Masse im Schnellgang fein kuttern (bis ca. 2 – 4 °C)
Fettmaterial zugeben und Masse emulgieren (ca. 12 – 14 °C)

Restliche Schüttung und Zutaten zugeben
Fertig kuttern bis Endtemperatur ca. 12 °C
Brät mit der vorbereiteten Einlage vermengen
In Wursthüllen füllen
Brühen bei 78 °C bis Kerntemperatur 70 – 72 °C
Därme mit Wasser gut – bis in den Kern – kühlen
Därme im Produktionsraum abkühlen lassen und erst dann in den
Kühlraum bringen

BEURTEILUNGSMERKMALE LT. LEITSÄTZE
BEFFE nicht unter 13 %
BEFFE i. FE chem. nicht unter 88 %
hist. nicht unter 80%
Bei einer Gesamtprobemenge von 600g Fleischeinlage nicht unter 50%

Ein festlicher Weihnachtsabend

| Wurstsorte: | Bierschinken | Leitsatz-Nr. 2.224.1 | Anforderungen: | BEFFE min: 13,0% | BEFFE im FE : 88,0% | BE im FE : 12,0% |

kg		Wasser %	Fett %	Fett kg	Wasser kg	FE %	FE kg	BEFFE %	BEFFE kg	BE %	BE kg
0,800 kg	R II	72	8	0,064 kg	0,576 kg	20	0,160 kg	17,0	0,136 kg	3,0	0,024 kg
6,000 kg	S I	75	5	0,300 kg	4,500 kg	20	1,200 kg	19,0	1,140 kg	1,0	0,060 kg
0,800 kg	S II	73	8	0,064 kg	0,584 kg	19	0,152 kg	17,5	0,140 kg	1,5	0,012 kg
0,800 kg	S VI	40	50	0,400 kg	0,320 kg	10	0,080 kg	7,0	0,056 kg	3,0	0,024 kg
0,800 kg	S VII	17	78	0,624 kg	0,136 kg	5	0,040 kg	2,5	0,020 kg	2,5	0,020 kg
0,800 kg	Eis	100			0,800 kg						
10,000 kg	Summe:			1,452 kg	6,916 kg		1,632 kg		1,492 kg		0,140 kg

		Salz / F + M		
0,200 kg	20 g			
0,050 kg	5 g	Phosphat / F + M		
kg	g	Hilfsmittel / Masse		
0,050 kg	5 g	Gewürz		
XXXXXXXXXXXXX	0	Därme in St.		
10,300 kg		Summe:		0,000 kg
0,000 kg		Verlust in %:		
10,300 kg		Summe:		6,916 kg

		Differenz
BEFFE Ist :	14,49%	
BEFFE Soll :	13,00%	1,49 %
BE / FE Ist :	8,58%	
BE / FE Soll :	12,00%	-3,42 %
BEFFE / FE Ist :	91,42%	
BEFFE / FE Soll :	88,00%	3,42 %

Ein festlicher Weihnachtsabend

Wurstsorte:	Aufschnitt Grundbrät	LeitsatzNr.:2.222.1	Anforderungen	BEFFE min: 8,0%	BEFFE im FE :75,0%
		:			BE im FE : 25,0%

kg		Wasser %	Wasser kg	Fett %	Fett kg	FE %	FE kg	BEFF E %	BEFFE kg	BE %	BE kg
5,000 kg	R II	72	3,600 kg	8	0,400 kg	20	1,000 kg	17,0	0,850 kg	3,0	0,150 kg
5,000 kg	S II	73	3,650 kg	8	0,400 kg	19	0,950 kg	17,5	0,875 kg	1,5	0,075 kg
5,000 kg	S VI	40	2,000 kg	50	2,500 kg	10	0,500 kg	7,0	0,350 kg	3,0	0,150 kg
5,000 kg	S VII	17	0,850 kg	78	3,900 kg	5	0,250 kg	2,5	0,125 kg	2,5	0,125 kg
5,000 kg	Eis	100	5,000 kg								
25,000 kg	Summe:		15,100 kg		7,200 kg		2,700 kg		2,200 kg		0,500 kg

0,500 kg	Salz / F + M	20 g		
0,125 kg	Phosphat / F + M	5 g		
0, kg	Hilfsmittel / Masse	g		
0,125 kg	Gewürz	5 g		
	Därme in St.	0		
25,750 kg	Summe:			
0,000 kg	Verlust in %:		0,000 kg	
25,750 kg	Summe:		15,100 kg	

BEFFE Ist :	8,54%		0,54 %
BEFFE Soll :	8,00%		
BE / FE Ist :	18,56%		-6,44 %
BE / FE Soll :	25,00%		
BEFFE / FE Ist :	81,48%		6,48 %
BEFFE / FE Soll :	75,00%		

Die schnittfeste Rohwurst

Salami 1A Nach der Leitsatzkennziffer Nr. 2.211.04

MATERIAL	Gewürze und Zutaten je kg
12 KG R I	30,0 g Nitritpökelsalz
4 KG S VIII	20,0 g Nitroferm G80
16 KG Gesamt	4,0 g Senfsaat
	2,0 g Knoblauch
	2,0 g Rum
	75er weißer Rohwurstdarm

VORARBEITEN
24 Stunden vor der Produktion den Speck in Würfel schneiden und im Gefrierraum durchfrieren.
24Stunden vor der Produktion Das Rindfleisch R I wolfen und ebenfalls anfrieren.
Am Tag der Herstellung das Rindfleisch R I antauen lassen . Den Speck erst kurz vor der Zugabe aus der Kühlung nehmen.
Herstellung
Entsprechend dem Rezept sind die Gewürze und Zutaten zusammenzustellen.
Das Rindfleisch wird in den Kutter
 gegeben, der dabei im langsamen Gang läuft.
Hat der Kutter das Fleisch aufgenommen, ist es bis zu feinster Körnung laufen zu lassen.
Dann wird der Speck zugesetzt und bis zur gewünschten Körnung weitergekuttert.
Salz und Gewürze müssen zeitgleich so zugesetzt werden, dass sie sich gut mit dem Wurstgut vermischen können.
Am Ende des Kuttervorganges sollte die Masse leicht klumpen, damit sie sofort gefüllt werden kann.
Die Temperatur sollte zum Ende des Kuttervorganges immer noch im Minusbereich sein
Reifezeit: 4-6 Tage bei 18-20 °C Raumtemperatur und 90-85% Luftfeuchtigkeit
Räuchern: Kalt, 24 Stunden bei maximal 22°C Produktionsverlust: 10%

Ein festlicher Weihnachtsabend

Wurstsorte: Salami 1A	Leitsatz-Nr.:2.211.04	Anforderungen:	BEFFE min:14,0%	BEFFE im FE : 85,0%
				BE im FE : 15,0%

kg		Wasser %	Wasser kg	Fett %	Fett kg	Fleischeiweiß %	FE kg	BEFFE %	BEFFE kg	BE %	BE kg
12,000 kg	R I	75	9,000 kg	4	0,480 kg	21	2,520 kg	19,5	2,340 kg	1,5	0,180 kg
4,000 kg	S VIII	8	0,320 kg	90	3,600 kg	2	0,080 kg	0,3	0,012 kg	1,7	0,068 kg
	Eis	100	0,000 kg		0,000 kg						
16,000 kg	Summe:		9,320 kg		4,080 kg		2,600 kg		2,352 kg		0,248 kg

0,480 kg	30 g	Salz / F + M		
0,000 kg		Phosphat / F + M Hilfsmittel /		
0,000 kg		Masse		
0,448 kg	28 g	Gewürz		
XXXXXXXXXXX				
X	0	Därme in St.		
16,928 kg		Summe:		
1,692 kg	10	Verlust in %:	1,692 kg	
15,236 kg		Summe:	7,628 kg	

BEFFE Ist:	15,43%	1,43 %
BEFFE Soll:	14,00%	
BE / FE Ist:	9,54%	-5,46 %
BE / FE Soll:	15,00%	
BEFFE / FE Ist:	90,46%	5,46 %
BEFFE / FE Soll:	85,00%	

So nach den Wurstspezialitäten hier nun meine küchenfertigen Produkte.

Hirtenschuh
Schweinefilet mit Fetakäse und Zwiebeln gefüllt

Zutaten: 1 Schweinefilet
ca. 100g Fetakäse
1 Zwiebel
ca. 15 g Gyros Gewürz
Zahnstocher
Bindegarn

Zuerst wird das Filet von anhaftendem
Fettgewebe befreit und sauber zugeschnitten.
Dann wird beginnend ca. 3 cm unterhalb des Filetkopfes das Filet der
Länge nach angeschnitten bis ca. 3 cm
Über der Spitze
Anschließend wird die Zwiebel fein geschnitten und zusammenmit dem
Gyrosgewürz und etwa Öl gewürzt.
Die Zwiebelmasse wird nun zusammen mit dem Fetakäse, der in
Streifen geschnitten wurde in die Tasche im Filet gelegt
Nun die Tasche mit den Zahnstochern verschließen und danach mit dem
Bindegarn eine Verschnürung herstellen.
Nun das Filet in Natur oder mit Gyrosgewürz und Öl mariniert
präsentieren.
In abgewandelter Form lässt sich das Filet auch sehr gut mit in Speck
eingerollten Datteln füllen

Zubereitung:

Das gewürzte Filet bei 200°C ca. 25 Min im Backofen auf der mittleren
Schiene braten.
Dazu passen hervorragend Rosmarinkartoffeln

Weihnachttraum
Rinderbraten mit Datteln und Dörrfleisch gefüllt

Zutaten: 1000g Rinderschwanzrolle
200g Dörrfleisch
100g getrocknete entkernte Datteln
Würzpaste Oklahoma

Herstellung:
Die Schwanzrolle ordentlich parieren, einmal aufschneiden und dreimal einschneiden. In jeden Einschnitt in Scheiben geschnittenes Dörrfleisch legen. In die Mitte eine Reihe Datteln und dann das ganze rollen und binden.
Den Braten von außen mit Oklahoma würzen.

Zubereitung:
Den Braten im vorgeheizten Backofen bei 160°C ca. 120 Min garen. Bei stehender Hitze erhöht sich die Zeit um ca. 20 Min.
Oder klassisch als Schmorbraten.

Dazu passen entweder Pommes und Selleriesalat, wenn der Braten im Backofen zubereitet wurde, oder Rotkohl und Knödel mit einer dunklen Soße beim Schmorbraten.

Sternbraten
Rinderschwanzrolle gefüllt mit Dörrfleisch und Senfsoße

Zutaten: 1000g Rinderschwanzrolle
200g Füll und Formsauce Senf
200g Dörrfleisch
Würzpaste Kentucky

Herstellung:
Das Rindfleisch parieren und auf allen Seiten gleichmäßig tiefe Schnitte schneiden. Die Füll und Formsauce in ca. 2mm Scheiben schneiden und zusammen mit dem Dörrfleisch in die Einschnitte legen. Den Braten knüpfen und würzen.

Zubereitung:
Den Braten im vorgeheizten Backofen bei 160°C ca. 120 Min garen. Bei stehender Hitze verlängert sich die Garzeit um ca. 20 Min.
Als Beilage passen Kartoffelecken und Tomatensalat

Weihnachtsfilet Mediterran

Zutaten 1000g Rinderfilet
10 getrocknete Tomaten
3 Tomaten
250g Blattspinat frisch
150g Parmaschinken
4 EL Creme Fraiche
Salz, Pfeffer

Herstellung
Das Rinderfilet längs zu einer großen Roulade schneiden, dafür knapp 1 cm über dem Schneidebrett den Schnitt ansetzen und nicht komplett durchschneiden, das dicke obere Stück nach hinten klappen und immer so weiter schneiden, bis das gesamte Filet zu einer großen Platte geschnitten ist. So bekommt man eine große, flache Scheibe aus dem Filet.
Die Tomaten enthäuten und entkernen, mit den eingelegten, getrockneten Tomaten mit dem Pürierstab zerkleinern.
Den Spinat 2 Sekunden in kochendem Wasser blanchieren, in Eiswasser geben und gut abtropfen lassen. Die Blätter auseinanderbreiten und trocken tupfen.
Das Fleisch mit Salz und Pfeffer würzen.
Die Tomatenmasse gleichmäßig auf dem Fleisch verteilen. Darüber die Spinatblätter auslegen, dann den Parmaschinken darauf verteilen und die Creme Fraiche darüber verstreichen. Das Fleisch nun wieder aufrollen und mit Küchengarn binden.

Zubereitung
Mit Salz und Pfeffer würzen.
Den Backofen auf 80° Ober/Unterhitze vorheizen. Es ist ratsam, ein Backofenthermometer zu verwenden um die erforderliche Temperatur genau einzustellen.
In einer Pfanne Olivenöl erhitzen, die Filetrolle darin rundherum anbraten. Rosmarin und Thymian sowie Knoblauch nach dem Anbraten in die Pfanne geben. Ein Bratenthermometer in die Mitte der Rolle stecken und für etwa 90 Minuten bei 80° in den Ofenschieben. Die Rolle ist gut, wenn eine Kerntemperatur von 58° erreicht ist.

Dazu passen Blattspinat und Kartoffelgratin oder Sahnekartoffeln.

So jetzt zum Kaufmännischen Teil.

Hier die Kalkulation für das kalt warme Büfett.

Zutat	Pro Person in g/Stk	Gesamt in g	€ / KG/ Stk	Preis in €
Crevetten	50	500	21,90	10,95
Antipasti	60	600	27,90	16,74
Brötchen	3 Stk	30 stk	0,15	4,50
Roastbeef	300g	3000 g	21,90	65,70
Kruste				6,50
Soße	100 ml	1000 ml	0,50	5,00
Kartoffelgratin	200 g	2000 g	2,49	4,98
Bohnen	150 g	1500 g	2,49	3,74
Speck	50 g	500 g	8,99	4,98
Bratapfel	160 g	1600 g	1,29	2,06
Füllung	30 g	300 g	12,90	3,87
Vanillesoße	100 ml	1000ml	4,90	4,90
Tete de Moine	50 g	500 g	27,90	13,95
Danablue	30 g	300 g	16,90	5,07
Appenzeller	30 g	300 g	27,90	8,37
Gouda	50 g	500 g	8,99	4,49
Camembert	30 g	300 g	17,90	5,37
Gesamtsumme				**172,17**

Gesamtsumme		172,17€
Gemeinkosten	65%	111,91€
Selbstkosten		284,08€
Gewinn	25%	71,02€
Netto Verkaufspreis		355,10€
Umsatzsteuer	19%	67,47€
Gesamtrechnungsbetrag		422,57€
Preis pro Person	gerundet	**42,25€**

ZUM SCHLUSS:
HIER HABEN SIE HEUTE
EINEN EINBLICK IN MEINE
ARBEIT ERHALTEN. ICH
HOFFE, DASS DIE
GEREICHTEN SPEISEN,
WURSTSORTEN UND DIE
THEKEN BZW.
KÜCHENFERTIGEN
KREATIONEN IHRE
ZUSTIMMUNG ERHALTEN
UND WÜNSCHE IHNEN ZUM
SCHLUSS MEINER
MEISTERARBEIT

GUTEN APPETIT